U0554654

BAYU CANGZHEN
——CHONGQING SHI DI-YI CI
QUANGUO KEYIDONG WENWU PUCHA
WENWU JINGPIN TULU

巴渝
藏珍

重庆市第一次全国可移动文物普查文物精品图录

石器 石刻 砖瓦　陶器　瓷器卷

主　编　幸　军

副主编　程武彦　柳春鸣　钟冰冰　欧阳辉

西南师范大学出版社
国家一级出版社　全国百佳图书出版单位

图书在版编目(CIP)数据

　巴渝藏珍：重庆市第一次全国可移动文物普查文物
精品图录 / 幸军主编. — 重庆：西南师范大学出版社，
2019.3
　ISBN 978-7-5621-5572-0

　Ⅰ.①巴… Ⅱ.①幸… Ⅲ.①文物-普查-重庆-图
录 Ⅳ.①K872.719

中国版本图书馆CIP数据核字(2019)第045488号

巴 渝 藏 珍
——重庆市第一次全国可移动文物普查文物精品图录

主编 幸 军

责任编辑：杨景罡　曾　文　周明琼　熊家艳
　　　　　翟腾飞　鲁　艺　杨　涵　高　勇　谭小军
责任校对：钟小族
书籍设计：王　煤
出版发行：西南师范大学出版社
　　　　　中国·重庆市北碚区天生路2号
　　　　　邮编：400715
　　　　　网址：www.xscbs.com
经　　销：新华书店
排　　版：重庆新金雅迪艺术印刷有限公司
印　　刷：重庆新金雅迪艺术印刷有限公司
幅面尺寸：210 mm×280 mm
印　　张：91
字　　数：1213千字
版　　次：2019年5月第1版
印　　次：2019年5月第1次印刷
书　　号：ISBN 978-7-5621-5572-0

定　　价：698.00元(全六卷)

● 编委会

主　　编　幸　军

副 主 编　程武彦　柳春鸣　钟冰冰　欧阳辉

编　　委　严小红　杨柱逊　梁冠男　刘华荣　夏伙根

本册主编　王纯婧　李　娟

重庆是中国历史文化名城,具有悠久的历史和光荣的革命传统,积淀了巴渝文化、革命文化、抗战文化、三峡文化、移民文化、统战文化等人文底蕴。这些丰厚的文化遗产,延续着这座城市的历史记忆。

可移动文物是宝贵的文化遗产,是传承弘扬中华优秀传统文化的重要载体。2012 年至 2016 年,国务院部署开展第一次全国可移动文物普查,这是保护传承中华优秀传统文化的重大举措,是加强国家软实力建设的重要文化战略,也是全面夯实我国文物工作基础的关键工程,具有里程碑意义。

五年来,在重庆市委、市政府的领导下,全市各级有关部门和各级普查机构精心组织,高效推进,广大一线普查员攻坚克难、敬业奉献,圆满完成了可移动文物普查任务,取得了丰硕的普查工作成果。

面对可移动文物总量大、范围广、类型多、收藏单位多元、保存情况复杂等现状,我市以县域为基本单元、国有单位为基本对象的网格式调查排查,实现了地理范围的全覆盖、国有单位的全参与、文物核心指标的全登记,摸清了国有可移动文物家底,建立起全市可移动文物资源数据库。普查结果显示,全市国有文物收藏单位有 165 家,采集登录可移动文物 148.2489 万件,收录文物照片 91.5479 万张。我市国有可移动文物呈现出文物类型丰富、文化序列完整、地域特色鲜明、分布相对集中等特点。35 个文物类别均有分布,从 200 万年前至现代,重要历史时期反映社会生产生活的各类文物齐备,三峡文物、革命文物、抗战文物最具重庆地域特色。

在普查过程中,全市参与普查工作的普查员共 6671 人,举办各类培训 432 次,共调查国有单位 26104 家,新建近 15 万件/套文物的档案。各单位按照普查工作要求开展藏品清点,核查账物对应情况,补充完善文物信息,健全藏品账目档案,建立健全文物管理制度。同时,我市还通过自主研发文物信息离线登录平台,建立文物信息逐级审核制度、数据审核专家责任制等工作机制,确保了普查进度和数据质量。

通过五年的普查,全市建立了国有可移动文物认定体系,健全了国有可移动文物收藏管理制度,构建了国有可移动文物动态监管体系,建立起统一的可移动文物的登录标准,为我市可移动文物保护和利用奠定了良好的基础,也为探索建立覆盖全市所有系统的文物保护利用体系创造了条件。

普查工作期间,我市还在文化遗产宣传月和主题日组织开展形式多样的专题宣传活动,利用文物普查成果,拍摄《国宝大调查》专题片,举办"细数家珍,传承文明——重庆市第一次全国可移动文物普查"展览,并在全市各区县巡展,普及文化遗产保护知识,营造文化遗产保护氛围。重庆中国三峡博物馆组织参观者探访文物保护中心实验室,让观众了解文物保护修复过程;重庆市文化遗产研究院组织文物保护志愿者走进考古工地,体验考古发掘出土文物的过程,组织文博专家在各大中小学开展文化遗产保护专题讲座,提升青少年学生对文化遗产保护的认知。

普查过程中,各普查收藏单位通过对珍贵文物的整理研究,进一步发掘出文物的历史价值、艺术价值和科学价值,发表与普查成果相关的文章150余篇,还出版藏品图录和藏品专题研究图书。2013年起,以普查为契机,我市率先启动抗战可移动文物专题研究,先后对全市抗战文物、革命文物、长征文物(可移动文物部分)进行调查统计,为下一步开展文物保护利用奠定了良好的基础。2016年,受国家文物局委托,我市对四川、云南、贵州、重庆等西南4省市的抗战可移动文物进行专项调查,并编制完成了《抗战文物(可移动)专项调查报告——以西南四省市为例》。

在可移动文物普查基础上,我市组织开展镇馆之宝评选活动,评选出354件/套镇馆之宝。重庆中国三峡博物馆先后编辑出版《重庆中国三峡博物馆馆藏文物选粹·玉器》《重庆中国三峡博物馆馆藏文物选粹·鼻烟壶》和《重庆中国三峡博物馆馆藏文物选粹·铜镜》等图录,以"馆藏江南会馆文物资料整理与研究"为题,作为2015年度重庆市社会科学规划特别委托项目立项。渝北区编辑出版《渝北古韵》,在普查清理木质文物的基础上,重点研究馆藏特色古床等文物。黔江区文化部门经过系统整理,出版了《双冷斋文集校注》《笏珊年谱校注》,填补了黔江区清代历史文献的空缺。

为了让第一次全国可移动文物普查成果更好地服务于社会,重庆市文物局编辑出版《巴渝藏珍——重庆市第一次全国可移动文物普查总结报告暨收藏单位名录》和《巴渝藏珍——重庆市第一次全国可移动文物普查文物精品图录》。前者由重庆市的普查总报告、全市6家直属单位和39个区县的普查分报告、重庆市第一次全国可移动文物普查收藏单位名录三个部分组成,是中华人民共和国成立以来重庆市首次对可移动文物进行全面综述;后者从全市石器、铜器、书法绘画等35个类别、148.2489万件藏品中遴选出1604件/套文物,分六卷进行编辑,入选文物年代序列完整,类型丰富,是全市国有可移动文物珍品的群集荟萃,反映了重庆历史文化传承脉络,体现了重庆深厚的历史文化底蕴。

保护文物功在当代,利在千秋。回望过去,我市通过普查,全面掌握了可移动文物的数量分布、保存状况、文物价值等重要信息,向摸清文物资源家底、健全文物管理机制、发挥文物公共服务功能迈出了关键的一步。展望未来,保护文物、传承历史,让收藏在博物馆的文物、陈列在广阔大地上的遗产、书写在古籍里的文字都活起来,我们深感任重道远。

幸 军

Preface

Chongqing is a historically and culturally prestigious city in China that boasts a long history and a glorious revolutionary tradition. Chongqing has cultivated Bayu culture, revolution culture, culture of War of Resistance Against Japanese Aggression, the Three Gorges culture, immigrant culture, united front culture, and other humanistic and cultural references, leaving an extremely rich cultural heritage and extending the historical memory of the city.

Movable cultural relics are precious cultural heritages and important carriers for the inheritance and promotion of excellent traditional Chinese culture. From 2012 to 2016, the State Council had deployed and carried out the first national survey on movable cultural relics, which was a major measure taken to preserve and inherit excellent traditional Chinese culture, an important cultural strategy to promote national soft power, and a key project to comprehensively consolidate the foundation of Protecting China's cultural relics.

Over the past five years, under the leadership of the municipal Party committee and municipal government of Chongqing, relevant departments at all levels within the city have formulated the overall planning and requested high standards; census institutions at all levels have meticulously organized and efficiently promoted relevant work; plenty of front-line census enumerators have overcome various difficulties and dedicated to the project, successfully completing the first national census on movable cultural relics and achieving fruitful census results.

Faced with a large number of movable cultural relics that come from a wide range and are reserved by various collection units with complex preservation conditions, the city carried out a grid-style screening and examination which took counties as the basic units and state-owned units as the basic objects. Eventually, the city realized coverage of all geographical areas, participation by all state-owned units, and registration of all key indicators of cultural relics, captured a clear picture of state-owned movable cultural relics, and established the city's movable cultural relics resources database. According to the census results, there are 165 state-owned cultural relics collection units in the city, among which 1,482,489 movable cultural relics and more than 90 thousand photos of cultural relics have been collected and registered. The state-owned movable cultural relics in our city are characterized by rich types of cultural relics, complete cultural sequences, distinct regional characteristics, relatively concentrated distribution, etc. Dating from modern times to 2 million years ago, cultural relics have been found in all 35 types, including complete cultural relics that reflected the production and social life in important historical periods. The cultural relics of the Three Gorges, revolution, and the War of Resistance are of the most distinctive regional features of Chongqing.

During the census, a total of 6,671 census enumerators have participated, 432 trainings of various kinds have been held, a total of 26,104 state institutions have been surveyed, and nearly 150,000 pieces/set of new cultural relics archives have been built. In accordance with the requirements of the census, all units have carried out inventory checking of cultural relics, checked up accounts, supplemented cultural relics information, improved the accounts and archives of cultural relics, and established a sound cultural relics management system. Meanwhile, the city has developed an offline registration platform for cultural relics information through independent research and established a level–by–level verification system for cultural relics information and an expert responsibility system for data verification and other working mechanisms, which ensured the normal work progress and high data quality of the census.

Through five years of census, the city has established an identification system for state–owned movable cultural relics, a sound collection and management system for state–owned movable cultural relics, built a dynamic supervision system for state–owned movable cultural relics, and established a unified registration standard for movable cultural relics, laying a solid foundation for the protection and utilization of movable cultural relics, and providing conditions for exploring to build a system for the protection and utilization of cultural relics that covers all systems in the city.

During the census, the city has organized various forms of special promotional activities in the Cultural Heritage Promotion Month and on the Cultural Heritage Promotion Theme Day. Making use of achievement of the census, the city produced a feature film called *the National Treasure Census*, held exhibitions in all districts and counties of the city titled *Checking out Family Treasures and Passing Down Civilization—Chongqing's First Census on National Movable Cultural Relics*, popularized knowledge on cultural heritage protection and created an atmosphere for cultural heritage protection. Chongqing China Three Gorges Museum organized visitors to see the laboratory of the Cultural Relics Protection Center for them to understand the conservation and restoration process of cultural relics. Chongqing

Institute of Cultural Heritage organized cultural relic protection volunteers to set foot on archaeological sites and experience the process of excavating unearthed cultural relics, and organized cultural and museological experts to hold special lectures on cultural heritage protection in primary and secondary schools, so as to raise young students' awareness of cultural heritage protection.

In the process of the census, all collection units have further explored the historical value, artistic value and scientific value of culture relics, published more than 150 articles related to the census results, and published collection catalogues and special research books on collections through collating and research of the precious cultural relics. Since 2013, taking the census as an opportunity, the city has taken the lead in starting special research on the movable cultural relics during the War of Resistance. The census and statistics on relics concerning the War of Resistance, revolution, and the Long March (movable cultural relics) of the city have been conducted successively, laying a good foundation for further protection and utilization of cultural relics. In 2016, entrusted by the National Cultural Heritage Administration, the city conducted a special examination on movable cultural relics concerning the War of Resistance in 4 provinces and municipality in southwest China (Sichuan, Yunnan, Guizhou, and Chongqing), completed the compilation of *Special Survey Report on Relics of the War of Resistance (Movable) — Taking Four Provinces and Municipality in Southwest China as An Example.*

Based on the census on movable cultural relics, the city organized a selection of museum treasures in which 354 pieces/set of museum treasures stood out. Also, cultural and creative design contest was launched, and Chongqing China Three Gorges Museum has successively edited and published catalogues including *Selective Collection of Chongqing China Three Gorges Museum — Jades, Selective Collection of Chongqing China Three Gorges Museum — the Snuff Bottles,* and *Selective Collection of Chongqing China Three Gorges Museum — the Bronze Mirrors.* A special project named *Data Compilation and Research of Cultural Relics of Jiangnan Club* was launched as entrusted by Chongqing social science planning of 2015. Yubei District edited and published *Yubei Ancient Charm.* On basis of the examining and sorting out wooden cultural relics, it focused on research on featured ancient beds and other cultural relics in the collection. After systematical arrangement, the cultural department of Qianjiang District published *Annotates on the Collected Works of Shuanglengzhai* and *Annotates on the Hushan Chronology,* which filled the gap of historical documents of Qianjiang District during the Qing dynasty.

In order to make the results of the first national census on movable cultural relics better serve the society, the Cultural Heritage Bureau of Chongqing edited and published *Bayu Treasures — Summary of Chongqing's First National Census on Movable Cultural Relics and Collection Units Directory* and *Bayu Treasures — the Catalogue of Selective Cultural Relics from Chongqing's First National Census on Movable Cultural Relics*. The former is composed of 3 parts: The census report by Chongqing municipality, the reports by 6 directly affiliated units of Chongqing municipality and 39 districts and counties, as well as directory of the collection units of Chongqing's first national census on movable cultural relics. It is the first comprehensive census on movable cultural relics in Chongqing since the founding of the People's Republic of China. The latter selects more than a thousand pieces/sets of cultural relics from 1,482,489 items among the city's 35 categories including stone and bronze artifacts, calligraphy, and paintings. It is compiled in six volumes with complete chronological sequences and various types of cultural relics. It boasts a diverse collection of state—owned movable cultural relics of the city, reflects the historical and cultural context of Chongqing, and demonstrates the profound historical and cultural heritage of Chongqing.

The preservation of cultural relics in the contemporary benefits generations in the future. Looking back on the past, the city has comprehensively grasped the quantity, distribution, preservation status, cultural heritage value and other important information of movable cultural relics through the census, which is a pivotal step to obtain a thorough understanding of cultural heritage resources, improve the cultural heritage management mechanism, fulfill the public service function of cultural heritage. Looking forward to the future, we have a long distance to cover and heavy responsibilities to shoulder in protecting cultural relics, inheriting the history, and bringing to life the cultural relics collected in museums, heritage displayed on the vast land, and characters written in ancient books.

XING, Jun

目录

一

本卷共收录文物 371 件/套,分为石器、石刻、砖瓦,以及陶器、瓷器三大类,主要涵盖了第一次全国可移动文物普查类别中的石器、石刻、砖瓦,陶器,瓷器,雕塑、造像,武器等五个类别。

根据第一次全国可移动文物普查馆藏文物类别说明,石器、石刻、砖瓦是指历代以石为主要材质的生产工具、生活用具及其他制品,不包含雕塑、造像。陶器是指陶制文物,泥制、三彩、紫砂、珐花、生坯、泥金饼、泥丸、陶范等制作的生产工具、生活用具及其他制品。瓷器是指历代以瓷石和高岭土为原料制作的生活用具及其他制品。

需要说明的是,为了便于读者集中了解,本卷特将普查类别中的雕塑、造像,武器按质地分别归入石器、石刻、砖瓦,陶器、瓷器三类中进行介绍;石器、石刻、砖瓦类中带有文字的文物,如碑刻、墓志等则归入书画卷。

重庆市第一次全国可移动文物普查共采集登录石器、石刻、砖瓦类文物 17634 件/套,实际数量 22925 件,占普查文物总量的 1.55%。该类文物中陶器类文物 67296 件/套,实际数量 72381 件,占普查文物总量的 4.88%。瓷器类文物 40181 件/套,实际数量 42892 件,占普查文物总量的 2.89%。雕塑、造像类文物 14689 件/套,实际数量 15257 件,占全市文物总量的 1.03%。该类文物中以瓷为主要材质的文物 501 件/套,实际数量 540 件,占雕塑、造像文物总量的 3.53%;以陶为主要质地的文物 10849 件/套,实际数量 11007 件,占雕塑、造像文物总量的 72.14%;以石为主要质地的文物 1101 件/套,实际数量 1229 件,占雕塑、造像文物总量的 8.05%。

本卷收录文物来源于 21 个收藏单位,其中有一级文物 156 件,二级文物 75 件,三级文物 48 件。(皆为实际数量)

二

下面就三大类文物分别予以说明:

(一)石器、石刻、砖瓦

石器类文物年代分布集中在旧石器时代至汉代以前,其中史前时期遗存最为丰富,主要是用于生产、生活的各种器具。

重庆旧石器时代文化遗存丰富,石器原料以砾石为主,成品多为中大型的砍砸器、尖状器,属于典型的南方砾石工业体系。旧石器时代早期有巫山龙骨坡遗址,中期以丰都井水湾遗址、烟墩堡遗址为代表,晚期有以铜梁张二塘遗址为代表的铜梁文化。新石器时代的石器加工技术更加精细多样,除各类打制石器外,有更为精致的磨制石矛、石镞,三峡地区的大溪文化遗址还发现了带有礼仪性质的石铲和石钺。铲跟钺最早都是实用的生产工具,随着社会形态的逐渐转变,才分离出礼器的功能,这种礼仪用器一般都以美石制作。巫山人民医院遗址 2003 年出土一件穿孔石钺,平面呈梯形,钺身中段上部钻孔,孔近正圆,通体磨光,加工技术精湛,推测或与早期巫文化祭祀相关。商周时期,青铜制品虽然已在贵族祭祀、生活,以及战争中广泛使用,但在普通民众的生产生活中石器仍占很大比例。

石刻类文物从汉代开始大量增多,主要是墓葬装饰、建筑构件及宗教造像。两汉民间方仙道流行,人们期望死后得以升仙,墓葬与建筑构件雕刻多见朱雀、玄武、青龙、白虎四神和车马出行图、门阙接引图等。璧山、江津、永川及沙坪坝等地出土了较多的画像石棺。现藏于重庆中国三峡博物馆的一具石棺,长方形,无盖,剔地浅浮雕,在交错山纹上,雕刻主题纹饰:一端为代表天门的双阙,另一端为手托日月、作交尾状的伏羲女娲,两侧一为车马出行,一为双重楼阁。楼阁上立有神鸟以示天界,楼前有人迎接,代表墓主到达天界。周围饰有钱纹、柿蒂纹、山纹、仙人启门、双鸟衔珠等与升仙有关的纹饰。

宋代墓内装饰则更具生活气息,多表现斗拱、门楣、妇人启门、夫妇对坐等与日常生活相似的场景。明代高等级墓葬可见随葬的整队的石雕仪仗俑,铜梁出土明代石俑总计已有 500 余件。明代兵部尚书张佳胤父母合葬墓出土石俑89 件及石质家具明器 12 件,石俑有文武官员、执仪仗或吹奏击鼓的侍从等形态各异的人物,家具明器为桌椅、箱柜等,这批石俑与明器雕刻精细,线条流畅,展示了明代贵族的日常生活及明代雕塑艺术的一个侧面。

重庆地区现存汉代石阙在全国占有较大比重,东汉乌杨石阙系发掘出土,现存于重庆中国三峡博物馆,此次普查则将其划入可移动文物范畴。该石阙 2001 年出土于忠县乌杨镇,为双子母阙,自上而下依次由脊饰、阙顶盖、上枋子层、扁石层、下枋子层、主阙体、阙基七部分构成。阙基上雕四神、铺首衔环。乌杨石阙是唯一通过考古发掘出土、复原,并发现了相关的阙址、神道、墓葬的阙,具有重要的历史价值。

南北朝至明清,宗教石刻造像增多。大足石刻研究院所藏的南宋释迦牟尼佛石造像,庄严肃穆,额间饰白毫,双目微开,身披袈裟,结跏趺坐于仰莲座上。大足石刻造像自唐末开凿,到南宋晚期是其鼎盛时期,大部分造像均在此期间建成,宝顶山在南宋成为中国佛教密宗成都瑜伽派的中心地,这尊释迦牟尼佛石造像原存于宝顶山小佛湾内,具有极高的历史及艺术价值。

砖瓦类文物涵盖了各个历史时期墓葬和建筑物地面、墙面及房顶的功能性或装饰性砖瓦制品,其中以汉墓中出土的画像砖最具时代特色和艺术价值。现藏于重庆中国三峡博物馆的系列画像砖,生动再现了汉代巴蜀人民的日常生产生活场景。《盐井》画像砖,左下角是盐井,井上搭有高架,架上装置滑轮,缆绳上挂着汲卤用的吊桶,高架分为两层,每层对立二人,合力提取盐水,居左者用力上提,居右者用力下拉。高架旁有处理卤的器具,并有一竹枧经过山溪将卤水引至右下灶上的五个釜内。灶是长形的,一人于灶口拨火煮盐。其上方为重叠起伏的山峦,各种动物穿行其间,中间二人好像在运输盐包,右上二人正在张弓射猎,画面反映的是汉代巴蜀地区制盐场的情景。

(二)陶器

陶器的出现是人类进入文明社会的标志之一。奉节鱼腹浦遗址出土的一块陶片,年代距今约 8000 年,是重庆已知年代最早的陶制品。重庆本土新石器文化有玉溪下层文化、玉溪坪文化和中坝文化等,代表器形有圈足碗、圜底罐、深腹平底罐、高领壶。大溪文化主要分布在江汉平原,在峡江地区也有分布,因巫山大溪遗址而得名。大溪文化常见的红陶、黑陶及彩陶,在峡江地区的大溪文化遗址中都有发现。有一类外红内黑的陶器颇有特色,据推测,陶器表面的黑色是在烧成后仍处于红热状态的陶器中即时放入稻壳,稻壳被烧焦产生黑烟,烟中的碳颗粒渗入陶器表面空隙而形成,这类外红内黑陶器曾在大溪文化中长期流行。

商周时期的陶器大多属于与日常生产生活相关的实用器,小平底罐、圜底釜都是这一时期常见的器形,除此之外亦有陶鬶、灯形器等制作较为复杂的器形,船形杯和尖底杯是巴蜀地区的特有产品。船形杯主要发现于三峡地区西部,数量不多,最早有学者根据伴出物推测其应为炼铜所用的坩埚。随着新的考古发现,更多的学者认为船形杯与商周时巴国的制盐业有关,为熬制盐卤的盛具。也有学者认为这类体量较小的船形杯或为制作盐锭的器具。春秋战国时期,陶器多以明器形式出现,陶质仿铜礼器十分突出,鼎、豆、壶的组合在墓葬中常见。

汉代陶器类文物藏量较大,占全市陶器总量的 72% 以上,除常见的罐、壶、釜之外,仿真的俑、动物模型,以瑞兽为饰的摇钱树座及模型明器是汉代文物中极富特点的一类,充分体现了汉代崇信仙道的社会风尚。重庆市文化遗产研究院所藏三国·蜀灰陶神兽摇钱树座,整体为一昂首行走的辟邪,头生两角,身披羽翼,四足之间有两条螭龙环绕,以示御风而行;背上前托金乌,后负一人及蟾蜍,此人双手抱于胸前,微微抬头,似为即将登入仙界的墓主。制作精美,想象丰富。

南北朝至唐代,瓷器日益盛行。中国北方多见的三彩陶器和各类陶俑,重庆地区宋代以后才得以流行。奉节出土的一组三彩陶俑,胎为红陶,施黄、白、绿、黑各色低温釉,陶俑深目高鼻,怒目圆睁,表情丰富,或恭立,或伏地,或持物,或拱手。雕刻精细,栩栩如生,是重庆地区难得的珍贵文物。宋元陶器以日用器多见,反映了宋代民间的日常生活情况。

(三)瓷器

重庆地区出土瓷器年代最早可追溯至东汉,但出土数量有限,以青瓷为主,常见四系罐。丰都汇南汉代墓群出土一件白釉碗,是重庆发现的唯一一例早期白釉器,这件碗胎体呈黄白色,胎质较松,内外施黄白釉,除口沿下饰一周凸弦纹外,全身素面。湖南汉代墓葬出土这类白釉器较多,与同时期青瓷相较,制作工艺更为精细。

两晋南北朝瓷器仍以青瓷为多,鸡首壶、盘口壶、四系罐都是这一时期常见的器形。两晋时仿生器尤多,蛙形水盂、熊形灯、虎子等多有发现。奉节出土的东晋青瓷虎子,灰白胎,釉呈艾青色,整体似虎,双目突出,做匍匐仰头长啸状,背部设一提梁。

唐代重庆周边的四川、湖南两地瓷器产量巨大,邛窑、长沙窑均生产彩绘青瓷,两窑的产品在重庆文博单位也多有收藏。峡江地区也多有出土湖南湘阴窑的产品,万州冉仁才墓出土的一组青瓷俑正是湘阴窑所烧。

宋代重庆本地窑场崛起,南岸涂山窑和巴南姜家窑、清溪窑都是这时期本地有名的窑口。受当时斗茶之风影响,产品多为当时流行的窑变黑褐釉的日用器。南宋晚期,蒙古族南下,百姓为躲避战火纷纷逃离家园,此时窖藏的瓷器多有发现,荣昌、开州区、奉节等地窖藏出土了不少龙泉窑、湖田窑、吉州窑、定窑和耀州窑的精品。开州区文物管理所藏南宋龙泉窑粉青釉凤耳瓶,灰白胎,釉面青而莹润,盘口斜向内收,长直颈,溜肩,斜直腹,平底内凹,颈部两侧对称贴凤耳。这类盘口长颈瓶最早见于北宋汝窑,南宋老虎洞、郊坛下官窑也有出土,且宋以后不见,或仅为宋代宫廷所用。龙泉窑曾烧制仿官瓷器,这类凤耳瓶应为其仿官之作。

全市馆藏明清两代瓷器藏量占瓷器总量的42%,以民窑为主,青花为多。较为精美的官窑瓷器多来自捐赠或拨交,李初梨先生、汪云松先生都曾向重庆市博物馆捐赠大量瓷器。1957年,故宫博物院向重庆市博物馆调拨一批清代官窑瓷器,这批文物涵盖了清代的青花、五彩、粉彩、斗彩及单色釉瓷器,品种齐全,时代从顺治到宣统序列完整,是重庆市瓷器文物中难得的珍品。

石器
石刻
砖瓦

名称:**石尖状器**

时代:旧石器时代

尺寸:长 7.3 厘米,宽 10 厘米,厚 1.5 厘米

普查类别:石器、石刻、砖瓦

收藏单位:丰都县文物管理所

名称:**石手镐**

时代:旧石器时代

尺寸:长 11.8 厘米,宽 9.6 厘米,厚 3.1 厘米

普查类别:石器、石刻、砖瓦

收藏单位:丰都县文物管理所

名称:**单刃石刮削器**

时代:旧石器时代

尺寸:长 7.5 厘米,宽 5.5 厘米,厚 2 厘米

普查类别:石器、石刻、砖瓦

收藏单位:重庆市铜梁区文物管理所

　　　　(重庆市铜梁区博物馆)

名称:**多刃石刮削器**

时代:旧石器时代

尺寸:长 5.5 厘米,宽 4.5 厘米,厚 2.5 厘米

普查类别:石器、石刻、砖瓦

收藏单位:重庆市铜梁区文物管理所(重庆市铜梁区博物馆)

名称:**玉溪下层文化石斧**

时代:新石器时代

尺寸:长 15.7 厘米,宽 9.5 厘米,厚 3.9 厘米

普查类别:石器、石刻、砖瓦

收藏单位:重庆市文化遗产研究院

名称:**玉溪下层文化石砍砸器**

时代:新石器时代

尺寸:长 13.8 厘米,宽 10.6 厘米,厚 3 厘米

普查类别:石器、石刻、砖瓦

收藏单位:重庆市文化遗产研究院

名称:**石地坝文化石锛**

时代:新石器时代

尺寸:长 6.7 厘米,宽 2.5 厘米,厚 0.9 厘米

普查类别:石器、石刻、砖瓦

收藏单位:重庆市文化遗产研究院

名称:**中坝文化石镞**

时代:新石器时代

尺寸:长 6.2 厘米,宽 2.8 厘米,厚 1 厘米

普查类别:武器

收藏单位:重庆市文化遗产研究院

名称:**大溪文化穿孔石钺**

时代:新石器时代

尺寸:长 14.7 厘米,宽 13 厘米,厚 1.1 厘米

普查类别:石器、石刻、砖瓦

收藏单位:巫山县文物管理所(巫山博物馆)

名称:**大溪文化石凿**

时代:新石器时代

尺寸:长 8.7 厘米,宽 1.9 厘米,厚 1.2 厘米

普查类别:石器、石刻、砖瓦

收藏单位:巫山县文物管理所(巫山博物馆)

名称: **大溪文化穿孔石铲**

时代: 新石器时代

尺寸: 长 24.3 厘米, 刃宽 9.4 厘米, 厚 1 厘米

普查类别: 石器、石刻、砖瓦

收藏单位: 重庆市文化遗产研究院

名称:**双肩石锄**

时代:新石器时代

尺寸:长 14.6 厘米,宽 8.6 厘米,厚 1.7 厘米

普查类别:石器、石刻、砖瓦

收藏单位:重庆市万州区博物馆(文物管理所)

名称: **白庙遗存三孔石刀**

时代:新石器时代

尺寸:长 14.7 厘米,宽 3.8 厘米,厚 0.6 厘米

普查类别:石器、石刻、砖瓦

收藏单位:巫山县文物管理所(巫山博物馆)

名称:**抚琴石俑**

时代:东汉

尺寸:长 17.5 厘米,宽 26 厘米,高 29 厘米

普查类别:雕塑、造像

收藏单位:重庆市合川区文物管理所

名称:**说书石俑**

时代:东汉

尺寸:高 31 厘米

普查类别:雕塑、造像

收藏单位:重庆中国三峡博物馆

名称：**车马出行石棺**

时代：东汉

尺寸：长 217 厘米，宽 60 厘米，高 59.5 厘米

普查类别：石器、石刻、砖瓦

收藏单位：重庆中国三峡博物馆

名称:**车马出行画像石**

时代:东汉

尺寸:总长 1222 厘米,宽 45 厘米

普查类别:石器、石刻、砖瓦

收藏单位:重庆中国三峡博物馆

名称:**乌杨石阙**

时代:东汉

尺寸:主阙高 540 厘米,顶宽 266 厘米,阙基宽 260 厘米,子阙高 260 厘米

普查类别:石器、石刻、砖瓦

收藏单位:重庆中国三峡博物馆

名称:**神兽画像石柱**

时代:东汉

尺寸:直径 31 厘米,高 186 厘米

普查类别:石器、石刻、砖瓦

收藏单位:重庆中国三峡博物馆

名称：**朱雀白虎画像石**

时代：**东汉**

尺寸：**长 87~88 厘米，宽 22~23 厘米，厚 28~31 厘米**

普查类别：**石器、石刻、砖瓦**

收藏单位：**重庆市文化遗产研究院**

名称:**青龙画像石**

时代:东汉

尺寸:长 98~99 厘米,宽 22~23 厘米,厚 30~31 厘米

普查类别:石器、石刻、砖瓦

收藏单位:重庆市文化遗产研究院

名称:**辟邪石摇钱树座**

时代:东汉

尺寸:长 33.4 厘米,宽 32.3 厘米,高 29 厘米

普查类别:石器、石刻、砖瓦

收藏单位:重庆市合川区文物管理所

名称:**浮雕人物石墓门**

时代:西晋

尺寸:长 161 厘米,宽 81 厘米

普查类别:石器、石刻、砖瓦

收藏单位:重庆中国三峡博物馆

名称:**一佛二菩萨石造像**

时代:唐

尺寸:高 58 厘米,宽 45 厘米,厚 13 厘米

普查类别:石器、石刻、砖瓦

收藏单位:重庆中国三峡博物馆

名称:**忠县龙滩河石佛龛造像**

时代:唐

尺寸:高 341 厘米, 宽 304 厘米, 厚 59 厘米

普查类别:石器、石刻、砖瓦

收藏单位:重庆中国三峡博物馆

名称:**妇人启门石刻**

时代:宋

尺寸:长 75.5 厘米,宽 41.3 厘米,厚 18 厘米

普查类别:石器、石刻、砖瓦

收藏单位:重庆市大渡口区文物管理所

名称:**帷幔仕女石刻**

时代:宋

尺寸:高 65 厘米,宽 59 厘米,厚 9 厘米

普查类别:石器、石刻、砖瓦

收藏单位:重庆市江津区文物管理所

名称:**石刻经幢**

时代:宋

尺寸:高 121.3 厘米,底宽 23 厘米

普查类别:石器、石刻、砖瓦

收藏单位:重庆中国三峡博物馆

名称:**毗卢遮那佛石头像**

时代:宋

尺寸:长 23 厘米,宽 22 厘米,高 40 厘米

普查类别:雕塑、造像

收藏单位:大足区石刻研究院

名称:**释迦牟尼佛石头像**

时代:宋

尺寸:长 20 厘米,宽 19 厘米,高 29 厘米

普查类别:雕塑、造像

收藏单位:大足区石刻研究院

名称:**信徒石造像**

时代:南宋

尺寸:高 80 厘米,宽 53 厘米,厚 29 厘米

普查类别:雕塑、造像

收藏单位:大足区石刻研究院

名称:**释迦牟尼佛石造像**

时代:南宋

尺寸:高 143 厘米,宽 116 厘米,厚 104 厘米

普查类别:雕塑、造像

收藏单位:大足区石刻研究院

名称:**观音石造像**

时代:南宋

尺寸:高 188 厘米,宽 105 厘米,厚 49 厘米

普查类别:雕塑、造像

收藏单位:大足区石刻研究院

名称:**石俑组合**

时代:明

尺寸:通高 15~30 厘米

普查类别:雕塑、造像

收藏单位:重庆市铜梁区文物管理所(重庆市铜梁区博物馆)

名称:**石俑组合——持物石俑**

尺寸:高 23.3 厘米,长 8.5 厘米,宽 5 厘米

名称:**石俑组合——石交椅**

尺寸:高 21 厘米,长 11 厘米,宽 8.3 厘米

名称:**石俑组合——持盒石俑**

尺寸:高 22.5 厘米,长 8.6 厘米,宽 5.6 厘米

名称:**石俑组合——牵马石俑**

尺寸:高 27.1 厘米,长 23.2 厘米,宽 17 厘米

名称:**石俑组合——八人肩舆石俑**

尺寸:高 29 厘米,长 41 厘米,宽 16 厘米

名称:**石俑组合——石桌**

尺寸:高 16.5 厘米, 长 18.5 厘米, 宽 10 厘米

名称:**盐井画像砖**

时代:汉

尺寸:长 46.5 厘米, 宽 39.8 厘米, 厚 6.7 厘米

普查类别:石器、石刻、砖瓦

收藏单位:重庆中国三峡博物馆

名称:**讲学画像砖**

时代:汉

尺寸:长 45.5 厘米,宽 39.5 厘米,厚 6.5 厘米

普查类别:石器、石刻、砖瓦

收藏单位:重庆中国三峡博物馆

名称:**凤阙画像砖**

时代:汉

尺寸:长 47.4 厘米,宽 43 厘米,厚 6 厘米

普查类别:石器、石刻、砖瓦

收藏单位:重庆中国三峡博物馆

名称:**弋射收获画像砖**

时代:汉

尺寸:长 48 厘米,宽 44.1 厘米,厚 5.5 厘米

普查类别:石器、石刻、砖瓦

收藏单位:重庆中国三峡博物馆

名称:"鎮沛作"舞蹈纹砖

时代:晋

尺寸:高 10.2 厘米,长 39.5 厘米,宽 16.5 厘米

普查类别:石器、石刻、砖瓦

收藏单位:重庆市开州区文物管理所

名称:**金轮寺僧人建佛塔砖**

时代:隋

尺寸:长 12.4 厘米,宽 18.9 厘米,厚 2.4 厘米

普查类别:石器、石刻、砖瓦

收藏单位:西南大学

陶器

名称:**玉溪下层文化红陶釜**

时代:新石器时代

尺寸:高 17 厘米,口径 8.4 厘米

普查类别:陶器

收藏单位:重庆中国三峡博物馆

名称:**玉溪下层文化灰褐陶碗**

时代:新石器时代

尺寸:高 13.5 厘米,口径 27 厘米

普查类别:陶器

收藏单位:重庆中国三峡博物馆

名称:**玉溪下层文化圈足红陶碗**

时代:新石器时代

尺寸:高 7.4 厘米,口径 19.2 厘米

普查类别:陶器

收藏单位:重庆中国三峡博物馆

名称:**玉溪上层文化黄褐陶尊**

时代:新石器时代

尺寸:高 12.4 厘米,口径 13.8 厘米,底径 5 厘米

普查类别:陶器

收藏单位:重庆市文化遗产研究院

名称:**玉溪坪文化绳纹折沿黄褐陶罐**

时代:新石器时代

尺寸:高 55 厘米,口径 42.5 厘米

普查类别:陶器

收藏单位:重庆中国三峡博物馆

名称:**玉溪坪文化灰褐陶器盖**

时代:新石器时代

尺寸:高 8.2 厘米,直径 29.7 厘米

普查类别:陶器

收藏单位:重庆市文化遗产研究院

名称:**玉溪坪文化绳纹红褐陶釜**

时代:新石器时代

尺寸:高 23.4 厘米,口径 20.4 厘米,腹径 23.9 厘米

普查类别:陶器

收藏单位:重庆市文化遗产研究院

名称:**中坝文化大圈足黄褐陶盘**

时代:新石器时代

尺寸:高 12 厘米,口径 26.8 厘米

普查类别:陶器

收藏单位:重庆中国三峡博物馆

名称:**中坝文化直口深腹黄褐陶罐**

时代:新石器时代

尺寸:高 36 厘米,口径 31 厘米

普查类别:陶器

收藏单位:重庆中国三峡博物馆

名称:**中坝文化卷沿深腹红褐陶罐**

时代:新石器时代

尺寸:高 27 厘米,口径 27 厘米

普查类别:陶器

收藏单位:重庆中国三峡博物馆

名称:**大溪文化高足红陶罐**

时代:新石器时代

尺寸:高 14 厘米,腹径 18 厘米

普查类别:陶器

收藏单位:重庆中国三峡博物馆

名称:**大溪文化敞口红陶罐**

时代:新石器时代

尺寸:高 21 厘米,口径 18.2 厘米

普查类别:陶器

收藏单位:重庆中国三峡博物馆

名称:**大溪文化红陶钵**

时代:新石器时代

尺寸:高 9.5 厘米,口径 12 厘米,底径 6.5 厘米

普查类别:陶器

收藏单位:巫山县文物管理所(巫山博物馆)

名称:**大溪文化红陶豆**

时代:新石器时代

尺寸:高 16 厘米,口径 18.8 厘米,底径 15 厘米

普查类别:陶器

收藏单位:巫山县文物管理所(巫山博物馆)

名称:**大溪文化圈足红陶碗**

时代:新石器时代

尺寸:高 7 厘米,口径 15.3 厘米

普查类别:陶器

收藏单位:重庆中国三峡博物馆

名称:**大溪文化大圈足红陶盘**

时代:新石器时代

尺寸:高 6 厘米,口径 17.5 厘米

普查类别:陶器

收藏单位:重庆中国三峡博物馆

名称:**大溪文化彩陶罐**

时代:新石器时代

尺寸:高 10 厘米,口径 15 厘米

普查类别:陶器

收藏单位:重庆中国三峡博物馆

名称:**大溪文化几何纹彩陶片**

时代:新石器时代

尺寸:长 10.5 厘米,宽 6.5 厘米

普查类别:陶器

收藏单位:重庆中国三峡博物馆

名称:**大溪文化彩陶片**

时代:新石器时代

尺寸:长 4.6 厘米,宽 4.4 厘米

普查类别:陶器

收藏单位:巫山县文物管理所(巫山博物馆)

名称:**大溪文化彩陶片**

时代:新石器时代

尺寸:长 6 厘米,宽 5.3 厘米

普查类别:陶器

收藏单位:巫山县文物管理所(巫山博物馆)

名称:**大溪文化弧线三角纹彩陶片**

时代:新石器时代

尺寸:长 16 厘米,宽 9 厘米

普查类别:陶器

收藏单位:重庆中国三峡博物馆

名称:**大溪文化彩陶片**

时代:新石器时代

尺寸:长 6.6 厘米

普查类别:陶器

收藏单位:巫山县文物管理所(巫山博物馆)

名称:**大溪文化彩陶片**

时代:新石器时代

尺寸:长 9 厘米,宽 5.3 厘米

普查类别:陶器

收藏单位:巫山县文物管理所(巫山博物馆)

名称:**大溪文化彩陶纺轮**

时代:新石器时代

尺寸:直径 3.7 厘米

普查类别:陶器

收藏单位:重庆中国三峡博物馆

名称:**大溪文化陶纺轮**

时代:新石器时代

尺寸:直径 4.6 厘米

普查类别:陶器

收藏单位:巫山县文物管理所(巫山博物馆)

名称:**大溪文化陶纺轮**

时代:新石器时代

尺寸:直径 6.7 厘米

普查类别:陶器

收藏单位:巫山县文物管理所(巫山博物馆)

名称:**大溪文化陶纺轮**

时代:新石器时代

尺寸:直径 4.5 厘米

普查类别:陶器

收藏单位:巫山县文物管理所(巫山博物馆)

名称:**大溪文化陶响球**

时代:新石器时代

尺寸:直径 3.5 厘米

普查类别:陶器

收藏单位:重庆中国三峡博物馆

名称:**大溪文化陶球**

时代:新石器时代

尺寸:直径 3.7

普查类别:陶器

收藏单位:巫山县文物管理所(巫山博物馆)

名称:**大溪文化陶球**

时代:新石器时代

尺寸:直径 2.8 厘米

普查类别:陶器

收藏单位:巫山县文物管理所(巫山博物馆)

名称:**大溪文化陶球**

时代:新石器时代

尺寸:小球直径 2.6 厘米,大球直径 3 厘米

普查类别:陶器

收藏单位:巫山县文物管理所(巫山博物馆)

名称:**大溪文化镂空圈足黑陶豆**

时代:新石器时代

尺寸:高 12.6 厘米,口径 25 厘米

普查类别:陶器

收藏单位:重庆中国三峡博物馆

名称:**大溪文化黑陶簋**

时代:新石器时代

尺寸:高 9 厘米,口径 12.5 厘米

普查类别:陶器

收藏单位:重庆中国三峡博物馆

名称:**大溪文化敞口黑陶壶**

时代:新石器时代

尺寸:高 9.5 厘米,口径 7.7 厘米

普查类别:陶器

收藏单位:重庆中国三峡博物馆

名称:**大溪文化马蹄形红陶支座**

时代:新石器时代

尺寸:高 21.5 厘米,底径 17 厘米

普查类别:陶器

收藏单位:重庆中国三峡博物馆

名称:**大溪文化单耳橙黄陶杯**

时代:新石器时代

尺寸:高 6 厘米,口径 8.2 厘米,腹径 9 厘米

普查类别:陶器

收藏单位:重庆市文化遗产研究院

名称:**大口红陶缸**

时代:夏

尺寸:高 45 厘米,口径 25 厘米

普查类别:陶器

收藏单位:重庆中国三峡博物馆

名称:**红陶船形杯**

时代:商

尺寸:长 25.5 厘米,宽 11.4 厘米

普查类别:陶器

收藏单位:重庆中国三峡博物馆

名称:**红陶灯形器**

时代:商

尺寸:高 50 厘米,口径 10.6 厘米,底径 16.6 厘米

普查类别:陶器

收藏单位:重庆中国三峡博物馆

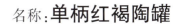

名称:**单柄红褐陶罐**

时代:商

尺寸:高 18.7 厘米,口径 12.1 厘米

普查类别:陶器

收藏单位:重庆中国三峡博物馆

名称:**黑陶觚**

时代:商

尺寸:高 20 厘米,口径 10.5 厘米

普查类别:陶器

收藏单位:重庆中国三峡博物馆

名称:**双耳黑陶豆**

时代:商

尺寸:高 17.7 厘米,口径 17.5 厘米

普查类别:陶器

收藏单位:重庆中国三峡博物馆

名称:**红陶鬶**

时代:商

尺寸:高 27 厘米,长 14.6 厘米,宽 21.2 厘米

普查类别:陶器

收藏单位:重庆市云阳县文物保护管理所(云阳博物馆)

名称:**黑陶灯形器**

时代:商

尺寸:高 48 厘米,口径 16 厘米

普查类别:陶器

收藏单位:重庆中国三峡博物馆

名称:**平底黑陶罐**

时代:商

尺寸:高 9.1 厘米,口径 14.5 厘米

普查类别:陶器

收藏单位:重庆中国三峡博物馆

名称:**红陶鬶**

时代:商周

尺寸:高 28 厘米,口径 15 厘米

普查类别:陶器

收藏单位:重庆中国三峡博物馆

名称:**镂空红褐陶器座**

时代:商周

尺寸:高 25.3 厘米,口径 13 厘米

普查类别:陶器

收藏单位:重庆中国三峡博物馆

名称:**红陶船形杯**

时代:商周

尺寸:高 5.5 厘米,长 10.7 厘米

普查类别:陶器

收藏单位:重庆中国三峡博物馆

名称:**深腹红褐陶罐**

时代:商周

尺寸:高 36 厘米,口径 16.7 厘米

普查类别:陶器

收藏单位:重庆中国三峡博物馆

名称:**花边口沿深腹红褐陶罐**

时代:商周

尺寸:高 37 厘米,腹径 33 厘米

普查类别:陶器

收藏单位:重庆中国三峡博物馆

名称:**绳纹黑陶圜底罐**

时代:商

尺寸:高 16.4 厘米 , 口径 10.7 厘米

普查类别:陶器

收藏单位:重庆中国三峡博物馆

名称:**花边口沿红陶圜底罐**

时代:东周

尺寸:高 12.8 厘米 , 口径 10.5 厘米

普查类别:陶器

收藏单位:重庆市忠县文物局

名称:**灰褐陶盆**

时代:商周

尺寸:高 14.5 厘米,口径 26 厘米,底径 8.5 厘米

普查类别:陶器

收藏单位:重庆市涪陵区博物馆(文物管理所)

名称:**绳纹圜底灰陶罐**

时代:周

尺寸:高 21.6 厘米,口径 10.2 厘米,腹径 24.8 厘米

普查类别:陶器

收藏单位:重庆市涪陵区博物馆(文物管理所)

名称:**绳纹红陶尖底杯**

时代:商

尺寸:高 13 厘米,口径 8 厘米

普查类别:陶器

收藏单位:重庆市万州区博物馆(文物管理所)

名称:**红陶尖底杯**

时代:周

尺寸:高 13.8 厘米,口径 6.2 厘米

普查类别:陶器

收藏单位:重庆市忠县文物局

名称:**褐陶尖底杯**

时代:商周

尺寸:高 6.9 厘米,口径 9 厘米

普查类别:陶器

收藏单位:重庆市涪陵区博物馆(文物管理所)

名称:**灰陶尖底杯**

时代:商周

尺寸:高 20.8 厘米,口径 8.9 厘米

普查类别:陶器

收藏单位:重庆市涪陵区博物馆(文物管理所)

名称:**彩绘陶簠**

时代:战国

尺寸:高 22 厘米,长 29 厘米,宽 23.5 厘米

普查类别:陶器

收藏单位:巫山县文物管理所(巫山博物馆)

名称:**绳纹灰陶鬲**

时代:战国

尺寸:高 21.4 厘米,口径 15.6 厘米,腹径 20.5 厘米

普查类别:陶器

收藏单位:重庆市奉节县夔州博物馆(奉节县文物管理所)

名称:**矮柄红褐陶豆**

时代:战国

尺寸:高 7.1 厘米,口径 13.3 厘米,底径 6.8 厘米

普查类别:陶器

收藏单位:重庆市万州区博物馆(文物管理所)

名称:**高领灰褐陶罐**

时代:战国

尺寸:高 20.8 厘米,口径 13.8 厘米,底径 11.9 厘米

普查类别:陶器

收藏单位:重庆市文化遗产研究院

名称:**灰陶敦**

时代:战国

尺寸:通高 23 厘米,口径 18.6 厘米

普查类别:陶器

收藏单位:重庆市万州区博物馆(文物管理所)

名称:**灰陶鼎**

时代:战国

尺寸:通高 14.6,口径 13.6 厘米

普查类别:陶器

收藏单位:重庆市文化遗产研究院

名称:**灰陶豆**

时代:战国

尺寸:高 14.2 厘米,口径 11 厘米,底径 6.3 厘米

普查类别:陶器

收藏单位:重庆市文化遗产研究院

名称:**灰陶壶**

时代:战国

尺寸:高 18.9 厘米,口径 8.4 厘米,腹径 15.2 厘米

普查类别:陶器

收藏单位:重庆市文化遗产研究院

名称:**弦纹釉陶釜**

时代:汉

尺寸:高 13.3 厘米,口径 11.5 厘米,腹径 15.3 厘米

普查类别:陶器

收藏单位:重庆市文化遗产研究院

名称:**镂空几何纹釉陶熏炉**

时代:汉

尺寸:高 23.7 厘米,口径 13.7 厘米,底径 13.2 厘米

普查类别:陶器

收藏单位:重庆市文化遗产研究院

名称:**红陶案**

时代:汉

尺寸:高 6.7 厘米,长 45.3 厘米,宽 30 厘米

普查类别:陶器

收藏单位:丰都县文物管理所

名称:**十一眼条形灰陶灶**

时代:汉

尺寸:高 15.1 厘米,长 97.3 厘米,宽 15.5 厘米

普查类别:陶器

收藏单位:重庆市文化遗产研究院

名称:**圆盘形灰陶塘**

时代:汉

尺寸:高 4.7 厘米,口径 27.4 厘米,底径 24.2 厘米

普查类别:陶器

收藏单位:重庆市奉节县夔州博物馆(奉节县文物管理所)

名称:**抱头交趾蛙座越人红陶俑**

时代:汉

尺寸:高 33 厘米,宽 12.5 厘米

普查类别:雕塑、造像

收藏单位:丰都县文物管理所

名称:**灰陶灶**

时代:西汉

尺寸:长 27 厘米,宽 14 厘米

普查类别:陶器

收藏单位:重庆中国三峡博物馆

名称:**灰陶蒜头壶**

时代:西汉

尺寸:高 10 厘米,腹径 8.5 厘米

普查类别:陶器

收藏单位:重庆中国三峡博物馆

名称:**灰陶鼎**

时代:西汉

尺寸:高 7 厘米,腹径 8 厘米

普查类别:陶器

收藏单位:重庆中国三峡博物馆

名称:**灰陶灯**

时代:西汉

尺寸:高 11 厘米,口径 5 厘米

普查类别:陶器

收藏单位:重庆中国三峡博物馆

名称:**方格纹灰陶罐**

时代:西汉

尺寸:高 26.5 厘米,口径 23.5 厘米,底径 20.5 厘米,

普查类别:陶器

收藏单位:丰都县文物管理所

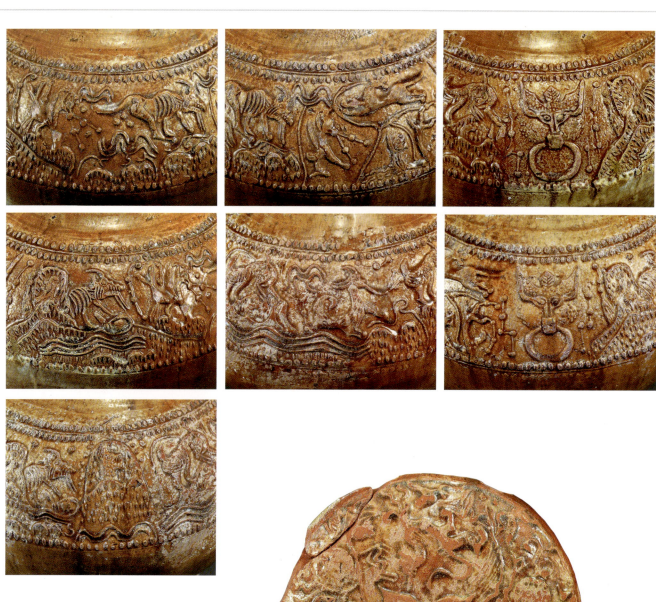

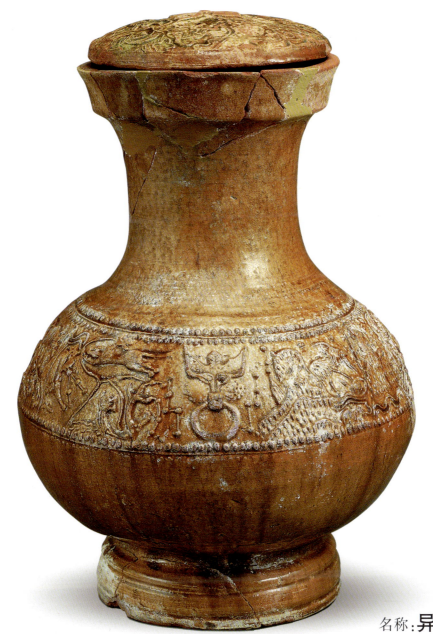

名称:**异兽纹釉陶钟**

时代:西汉

尺寸:高 38 厘米,口径 25 厘米

普查类别:陶器

收藏单位:重庆中国三峡博物馆

名称:**灰陶俑**

时代:西汉

尺寸:高 10~15 厘米

普查类别:雕塑、造像

收藏单位:重庆中国三峡博物馆

名称:**抚乳灰陶俑**

时代:西汉·新莽

尺寸:高 41 厘米,宽 26 厘米,厚 16 厘米

普查类别:雕塑、造像

收藏单位:巫山县文物管理所(巫山博物馆)

名称:"系"文灰陶釜

时代:东汉

尺寸:高 17 厘米,口径 11.5 厘米,腹径 27 厘米

普查类别:陶器

收藏单位:巫山县文物管理所(巫山博物馆)

名称:**龙柄釉陶魁**

时代:东汉

尺寸:高 6.3 厘米,口径 26 厘米

普查类别:陶器

收藏单位:重庆市云阳县文物保护管理所(云阳博物馆)

名称:**神兽纹红陶盒**

时代:东汉

尺寸:高 9.6 厘米,口径 17 厘米,底径 10.3 厘米

普查类别:陶器

收藏单位:重庆市开州区文物管理所

名称:**西王母灰陶灯**

时代:东汉

尺寸:高 32.4 厘米,长 22.5 厘米,宽 9.3 厘米

普查类别:陶器

收藏单位:重庆中国三峡博物馆

名称:**铜架灰陶井**

时代:东汉

尺寸:高 31.1 厘米,口径 8.5 厘米,底径 19.5 厘米

普查类别:陶器

收藏单位:重庆中国三峡博物馆

名称:**灰陶楼**

时代:东汉

尺寸:高 92.5 厘米,长 70 厘米,宽 16.5 厘米

普查类别:陶器

收藏单位:巫山县文物管理所(巫山博物馆)

名称:**灰陶房**

时代:东汉

尺寸:高 43.7 厘米,长 41.5 厘米,宽 13 厘米

普查类别:陶器

收藏单位:重庆市忠县文物局

名称:**灰陶谯楼**

时代:东汉

尺寸:高 70 厘米,宽 38 厘米

普查类别:陶器

收藏单位:重庆中国三峡博物馆

名称:**神山灰陶摇钱树座**

时代:东汉

尺寸:高 57 厘米

普查类别:陶器

收藏单位:重庆市文化遗产研究院

名称:**击鼓说书灰陶俑**

时代:东汉

尺寸:高 51.2 厘米

普查类别:雕塑、造像

收藏单位:重庆中国三峡博物馆

名称:**庖厨灰陶俑**

时代:东汉

尺寸:高 45 厘米,宽 32 厘米

普查类别:雕塑、造像

收藏单位:重庆中国三峡博物馆

名称:**出恭红陶俑**

时代:东汉

尺寸:高 54 厘米,宽 28 厘米

普查类别:雕塑、造像

收藏单位:重庆中国三峡博物馆

名称:**抚琴红陶俑**

时代:东汉

尺寸:高 26.6 厘米,宽 28 厘米

普查类别:雕塑、造像

收藏单位:重庆市丰都县文物管理所

名称:**抚耳红陶俑**

时代:东汉

尺寸:高 27.5 厘米,宽 23 厘米

普查类别:雕塑、造像

收藏单位:重庆市忠县文物局

名称:**披衣红陶俑**

时代:东汉

尺寸:高 19 厘米,长 15.4 厘米,宽 10.5 厘米

普查类别:雕塑、造像

收藏单位:重庆市合川区文物管理所

名称:**哺乳红陶俑**

时代:东汉

尺寸:高 19 厘米

普查类别:雕塑、造像

收藏单位:重庆市万州区博物馆(文物管理所)

名称:**骑马抱琴红陶俑**

时代:东汉

尺寸:高 48 厘米,宽 52 厘米

普查类别:雕塑、造像

收藏单位:重庆中国三峡博物馆

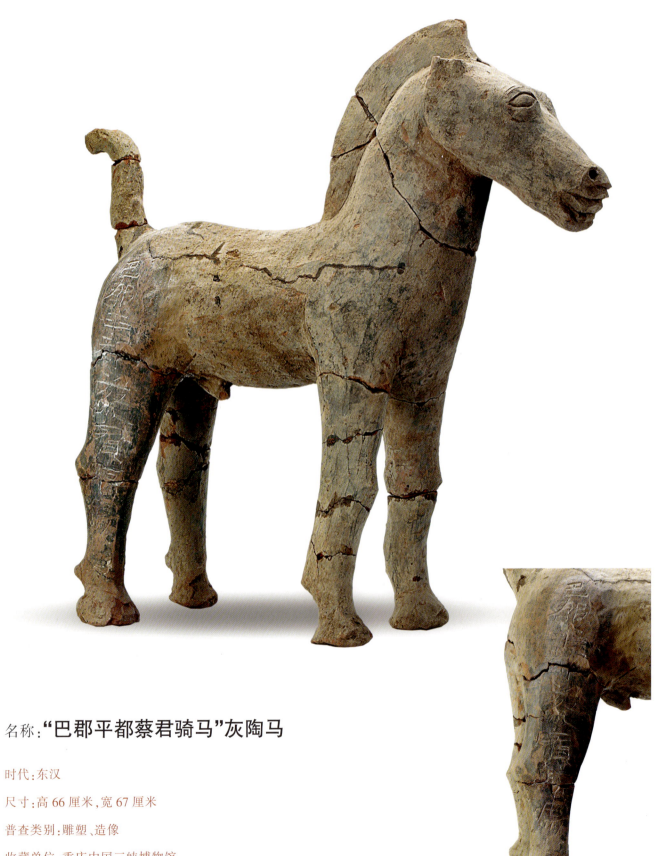

名称：“巴郡平都蔡君骑马”灰陶马

时代：东汉

尺寸：高 66 厘米，宽 67 厘米

普查类别：雕塑、造像

收藏单位：重庆中国三峡博物馆

名称:**彩绘陶狗**

时代:东汉

尺寸:高 32 厘米,宽 27 厘米

普查类别:雕塑、造像

收藏单位:重庆中国三峡博物馆

名称:**红陶猪**

时代:东汉

尺寸:高 13 厘米,长 29 厘米

普查类别:雕塑、造像

收藏单位:重庆中国三峡博物馆

名称:**衔珠红陶鸟**

时代:东汉

尺寸:高 27 厘米,宽 16 厘米

普查类别:雕塑、造像

收藏单位:重庆中国三峡博物馆

名称:**胡人灰陶俑**

时代:三国·蜀

尺寸:高 35 厘米,底径 16 厘米,厚 11.5 厘米

普查类别:雕塑、造像

收藏单位:巫山县文物管理所(巫山博物馆)

名称:**灰陶车轭**

时代:三国·蜀

尺寸:高 24.8 厘米,宽 35.6 厘米

普查类别:陶器

收藏单位:重庆市万州区博物馆(文物管理所)

名称:**灰陶神兽摇钱树座**

时代:三国·蜀

尺寸:高 59.8 厘米

普查类别:陶器

收藏单位:重庆市文化遗产研究院

名称:**独角髻执刀灰陶俑**

时代:南北朝

尺寸:高 104 厘米,宽 27.8 厘米,厚 30 厘米

普查类别:雕塑、造像

收藏单位:巫山县文物管理所(巫山博物馆)

名称:**三彩陶俑**

时代:宋

尺寸:高 12~30 厘米

普查类别:雕塑、造像

收藏单位:重庆中国三峡博物馆

瓷器

名称:**白釉碗**

时代:东汉

尺寸:高6厘米,口径14厘米,底径7.4厘米

普查类别:瓷器

收藏单位:重庆中国三峡博物馆

名称:**青瓷六系罐**

时代:东汉

尺寸:高 28.2 厘米,口径 14.4 厘米,底径 31.9 厘米

普查类别:瓷器

收藏单位:重庆市涪陵区博物馆(文物管理所)

名称:**墨绿釉贴塑人物五联瓷罐**

时代:西晋

尺寸:高 20 厘米,口径 19 厘米

普查类别:瓷器

收藏单位:重庆中国三峡博物馆

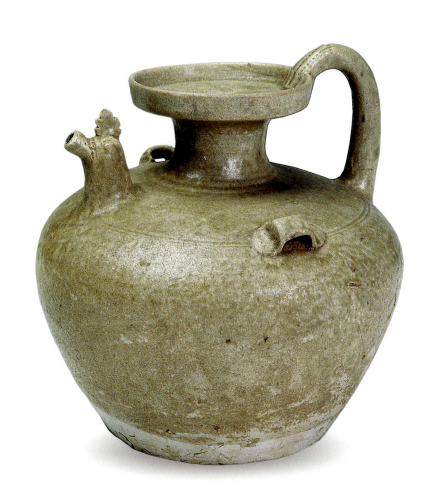

名称:**青瓷鸡首壶**

时代:东晋

尺寸:高 16.5 厘米,口径 8.9 厘米

普查类别:瓷器

收藏单位:重庆中国三峡博物馆

名称:**越窑青瓷点彩人形灯**

时代:东晋

尺寸:高 15.6 厘米,口径 11.1 厘米

普查类别:瓷器

收藏单位:重庆中国三峡博物馆

名称:**越窑青瓷虎子**

时代:东晋

尺寸:高 17.8 厘米,长 26.7 厘米,宽 14.6 厘米

普查类别:瓷器

收藏单位:重庆市奉节县夔州博物馆(奉节县文物管理所)

名称:**青瓷点彩四系罐**

时代:东晋

尺寸:高 14.2 厘米,口径 12 厘米,底径 11.2 厘米

普查类别:瓷器

收藏单位:重庆市万州区博物馆(文物管理所)

名称:**青瓷六系盘口壶**

时代:南朝

尺寸:高30厘米,口径19厘米

普查类别:瓷器

收藏单位:重庆中国三峡博物馆

名称:**青瓷鸡首壶**

时代:南朝

尺寸:高 35.9 厘米,口径 10.3 厘米,底径 16.2 厘米

普查类别:瓷器

收藏单位:重庆市忠县文物局

名称:**青瓷熏炉**

时代:南北朝

尺寸:高 19.2 厘米,口径 7.8 厘米,底径 9.2 厘米

普查类别:瓷器

收藏单位:丰都县文物管理所

名称:**青瓷盘口瓶**

时代:隋

尺寸:高 20.6 厘米,口径 6 厘米,腹径 38 厘米

普查类别:瓷器

收藏单位:重庆中国三峡博物馆

名称:**湘阴窑青瓷俑**

时代:唐

尺寸:高 17~47.8 厘米

普查类别:雕塑、造像

收藏单位:重庆市万州区博物馆(文物管理所)、重庆中国三峡博物馆

名称:**邛窑白釉绿彩瓷省油灯**

时代:唐

尺寸:高 4.8 厘米,口径 10.7 厘米,底径 5.3 厘米

普查类别:瓷器

收藏单位:重庆中国三峡博物馆

名称:**邛窑青瓷褐绿彩卷草纹龙柄壶**

时代:唐

尺寸:高 9 厘米,口径 4.1 厘米

普查类别:瓷器

收藏单位:重庆中国三峡博物馆

名称:**铜官窑青瓷褐绿彩荷花纹执壶**

时代:唐

尺寸:高 18.8 厘米,口径 6 厘米

普查类别:瓷器

收藏单位:重庆中国三峡博物馆

名称:**绿釉瓷唾壶**

时代:唐

尺寸:高 16.4 厘米,口径 10.3 厘米

普查类别:瓷器

收藏单位:重庆中国三峡博物馆

名称:**越窑青瓷莲瓣纹盘口壶**

时代:五代

尺寸:高 30 厘米,口径 12.5 厘米,底径 9.2 厘米

普查类别:瓷器

收藏单位:重庆市奉节县夔州博物馆(奉节县文物管理所)

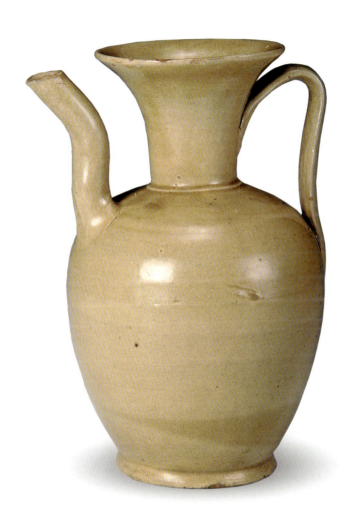

名称:**邛窑青瓷执壶**

时代:五代

尺寸:高 19.6 厘米,口径 8.7 厘米,底径 7.6 厘米

普查类别:瓷器

收藏单位:重庆市奉节县夔州博物馆(奉节县文物管理所)

名称:**彭县窑白瓷花鸟纹碗**

时代:宋

尺寸:高 8 厘米,口径 19.5 厘米

普查类别:瓷器

收藏单位:重庆中国三峡博物馆

名称:**青白瓷刻花葵口碗**

时代:宋

尺寸:高 4.2 厘米,口径 11.5 厘米,底径 4.2 厘米

普查类别:瓷器

收藏单位:重庆市文化遗产研究院

名称:**青白瓷花鸟纹碗**

时代:宋

尺寸:高 5.8 厘米,口径 13.6 厘米

普查类别:瓷器

收藏单位:重庆市云阳县文物保护管理所(云阳博物馆)

名称:**青白瓷粉盒**

时代:宋

尺寸:高 3.4 厘米,口径 12.4 厘米,底径 7.8 厘米

普查类别:瓷器

收藏单位:重庆市奉节县夔州博物馆(奉节县文物管理所)

名称:**青白瓷炉**

时代:宋

尺寸:高 8.2 厘米,口径 7.5 厘米,底径 5 厘米

普查类别:瓷器

收藏单位:巫山县文物管理所(巫山博物馆)

名称:**青白瓷堆塑魂瓶**

时代:宋

尺寸:高 57 厘米,口径 7.5 厘米

普查类别:瓷器

收藏单位:重庆中国三峡博物馆

名称:**耀州窑青瓷花卉纹碟**

时代:宋

尺寸:高 2.5 厘米,口径 8.6 厘米,底径 4 厘米

普查类别:瓷器

收藏单位:重庆市奉节县夔州博物馆(奉节县文物管理所)

名称:**耀州窑青褐釉牡丹纹瓷碗**

时代:宋

尺寸:高 4.1 厘米,口径 17.4 厘米,底径 6.6 厘米

普查类别:瓷器

收藏单位:垫江县文化馆

名称:**涂山窑黑瓷双耳罐**

时代:宋

尺寸:高 4.2 厘米,口径 9.9 厘米,底径 6.7 厘米

普查类别:瓷器

收藏单位:重庆市文化遗产研究院

名称:**涂山窑玳瑁釉瓷盏**

时代:宋

尺寸:高 4.5 厘米,口径 10.7 厘米,底径 3.8 厘米

普查类别:瓷器

收藏单位:重庆市南岸区文物管理所

名称:**涂山窑柿色釉瓷盏**

时代:宋

尺寸:高 3.9 厘米,口径 11 厘米,底径 3.8 厘米

普查类别:瓷器

收藏单位:重庆市南岸区文物管理所

名称:**吉州窑剪纸贴花瓷盏**

时代:宋

尺寸:高 5.1 厘米,口径 11 厘米

普查类别:瓷器

收藏单位:重庆中国三峡博物馆

名称:**吉州窑鹧鸪斑釉瓷盏**

时代:宋

尺寸:高 5 厘米,口径 11 厘米

普查类别:瓷器

收藏单位:重庆中国三峡博物馆

名称:**高丽青瓷鸳鸯钮三足熏炉**

时代:宋

尺寸:高 10.7 厘米,口径 18 厘米

普查类别:瓷器

收藏单位:重庆中国三峡博物馆

名称:**定窑白瓷缠枝莲纹铜扣斗笠碗**

时代:北宋

尺寸:高 4.5 厘米,口径 14 厘米

普查类别:瓷器

收藏单位:重庆中国三峡博物馆

名称:**定窑白瓷执壶**

时代:北宋

尺寸:高 20 厘米,口径 5 厘米,底径 9.2 厘米

普查类别:瓷器

收藏单位:重庆中国三峡博物馆

名称:**定窑白瓷描金碗**

时代:北宋

尺寸:高 4 厘米,口径 13 厘米,底径 4.2 厘米

普查类别:瓷器

收藏单位:重庆市奉节县夔州博物馆(奉节县文物管理所)

名称:**耀州窑青瓷盏**

时代:北宋

尺寸:高 5.2 厘米,口径 13.5 厘米,底径 3.8 厘米

普查类别:瓷器

收藏单位:重庆市永川区文物保护管理所(永川博物馆)

名称:**青白瓷花卉婴戏纹瓶**

时代:南宋

尺寸:高 29 厘米,口径 5.7 厘米,底径 10 厘米

普查类别:瓷器

收藏单位:重庆中国三峡博物馆

名称:**耀州窑青瓷鹅纹碗**

时代:南宋

尺寸:高 7.4 厘米,口径 18.2 厘米,底径 5.8 厘米

普查类别:瓷器

收藏单位:重庆市荣昌区文物保护管理所

名称:**龙泉窑青瓷碗**

时代:南宋

尺寸:高 5.4 厘米,口径 13.1 厘米,底径 4.3 厘米

普查类别:瓷器

收藏单位:重庆市荣昌区文物保护管理所

名称:**龙泉窑青瓷鼎式炉**

时代:南宋

尺寸:高 12.4 厘米,口径 12.1 厘米

普查类别:瓷器

收藏单位:重庆中国三峡博物馆

名称：**龙泉窑青瓷匜**

时代：南宋

尺寸：高 6 厘米，口径 19.4 厘米

普查类别：瓷器

收藏单位：重庆中国三峡博物馆

名称:**龙泉窑粉青釉瓷凤耳瓶**

时代:南宋

尺寸:高 24.5 厘米,口径 9.3 厘米,底径 9 厘米

普查类别:瓷器

收藏单位:重庆市开州区文物管理所

名称:**青瓷莲瓣纹碗**

时代:南宋

尺寸:高 6.1 厘米,口径 15.9 厘米,底径 5.6 厘米

普查类别:瓷器

收藏单位:重庆市开州区文物管理所

名称:**定窑白瓷双鱼纹碟**

时代:南宋

尺寸:高 2.6 厘米,口径 11.6 厘米,底径 6.2 厘米

普查类别:瓷器

收藏单位:重庆市荣昌区文物保护管理所

名称:**定窑白瓷刻花碟**

时代:南宋

尺寸:高 1.8 厘米, 口径 10.6 厘米, 底径 7.8 厘米

普查类别:瓷器

收藏单位:重庆市南川区文物管理所

名称:**定窑白瓷盒**

时代:南宋

尺寸: 高 3.3 厘米, 直径 8.3 厘米

普查类别:瓷器

收藏单位:重庆市南川区文物管理所

名称:**玳瑁釉瓷碗**

时代:南宋

尺寸:高 7.4 厘米,口径 12.7 厘米,底径 5 厘米

普查类别:瓷器

收藏单位:重庆市荣昌区文物保护管理所

名称:**建窑兔毫瓷盏**

时代:南宋

尺寸:口径 13.1 厘米,7 厘米

普查类别:瓷器

收藏单位:重庆市南川区文物管理所

名称:**彭县窑白瓷划花盘**

时代:南宋

尺寸:高 3.7 厘米,口径 18 厘米,底径 6.4 厘米

普查类别:瓷器

收藏单位:重庆市合川区文物管理所

名称:"大定二年造"磁州窑白地黑花草叶纹瓷梅瓶

时代:金

尺寸:高 27 厘米,口径 2.4 厘米,底径 9.5 厘米

普查类别:瓷器

收藏单位:重庆中国三峡博物馆

名称:**龙泉窑青瓷印花菱口盘**

时代:元

尺寸:高 6.6 厘米,口径 33 厘米,底径 17 厘米

普查类别:瓷器

收藏单位:重庆市奉节县夔州博物馆(奉节县文物管理所)

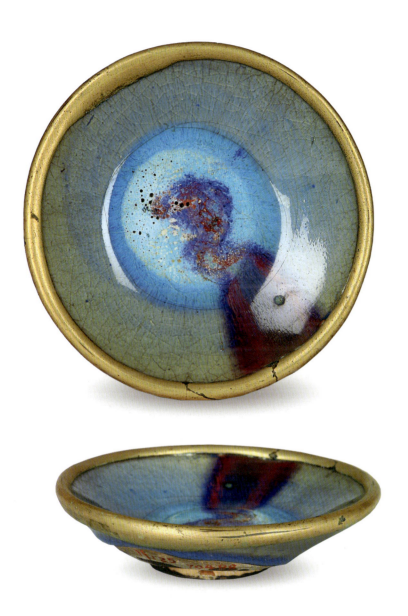

名称:**钧窑天青釉紫红斑瓷盏**

时代:元

尺寸:高 3.3 厘米,口径 14.2 厘米

普查类别:瓷器

收藏单位:重庆中国三峡博物馆

名称:枢府款卵白釉缠枝花纹瓷碗

时代:元

尺寸:高 4.5 厘米,口径 11.5 厘米,底径 4.3 厘米

普查类别:瓷器

收藏单位:重庆中国三峡博物馆

名称:**青白瓷蕉叶云纹花口瓶**

时代:元

尺寸:高 24.5 厘米,口径 9 厘米

普查类别:瓷器

收藏单位:重庆中国三峡博物馆

名称:**青白瓷铁锈斑带座双耳瓶**

时代:元

尺寸:高 13.2 厘米,口径 3.1 厘米,底径 5.7 厘米

普查类别:瓷器

收藏单位:重庆中国三峡博物馆

名称:**青白瓷铁锈斑带座炉**

时代:元

尺寸:高 9.5 厘米,口径 5 厘米

普查类别:瓷器

收藏单位:重庆中国三峡博物馆

名称:**青白瓷铁锈斑龙柄提梁壶**

时代:元

尺寸:高 12.2 厘米,口径 2 厘米,底径 6.8 厘米

普查类别:瓷器

收藏单位:重庆中国三峡博物馆

名称:**釉里红玉壶春瓶**

时代:元

尺寸:高 22 厘米,口径 6.6 厘米

普查类别:瓷器

收藏单位:重庆中国三峡博物馆

名称:**釉里红缠枝花纹碗**

时代:明·洪武

尺寸:高 10 厘米,口径 20.3 厘米

普查类别:瓷器

收藏单位:重庆中国三峡博物馆

名称:**宣德款青花缠枝牡丹纹碗**

时代:明·宣德

尺寸:高 9.7 厘米,口径 26.4 厘米,底径 10.2 厘米

普查类别:瓷器

收藏单位:重庆中国三峡博物馆

名称:**正德款蓝地白花折枝花纹盘**

时代:明·正德

尺寸:高 5.4 厘米,口径 29.3 厘米,底径 18.3 厘米

普查类别:瓷器

收藏单位:重庆中国三峡博物馆

名称:**嘉靖款青花人物纹瓜棱罐**

时代:明·嘉靖

尺寸:高 10.6 厘米,口径 4.9 厘米,底径 6.8 厘米

普查类别:瓷器

收藏单位:重庆中国三峡博物馆

名称:**万历款蓝釉碗**

时代:明·万历

尺寸:高 10.6 厘米,口径 4.9 厘米,底径 6.8 厘米

普查类别:瓷器

收藏单位:重庆中国三峡博物馆

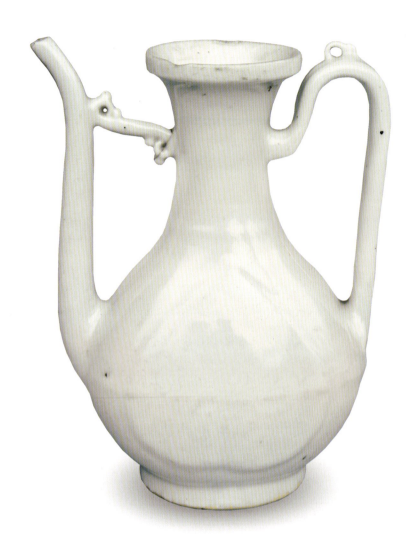

名称:**白瓷暗莲纹执壶**

时代:明

尺寸:高 18.9 厘米,口径 6.6 厘米,底径 7.4 厘米

普查类别:瓷器

收藏单位:重庆中国三峡博物馆

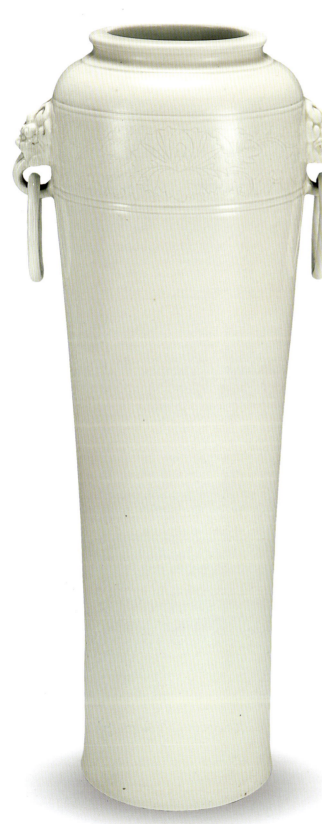

名称:**德化窑白瓷铺首衔环暗花筒瓶**

时代:明

尺寸:高 33.7 厘米,口径 6.2 厘米

普查类别:瓷器

收藏单位:重庆中国三峡博物馆

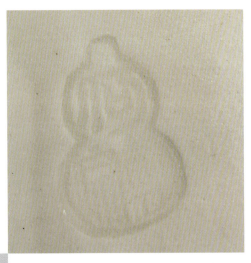

名称:**德化窑何朝宗款白瓷观音坐像**

时代:明

尺寸:高 19.1 厘米,底径 12.8 厘米

普查类别:雕塑、造像

收藏单位:重庆中国三峡博物馆

名称:**蓝釉瓷罐**

时代:明

尺寸:高 20.5 厘米,口径 8 厘米,底径 9.5 厘米

普查类别:瓷器

收藏单位:重庆市合川区文物管理所

名称:**顾印款龙泉窑青瓷莲瓣纹碗**

时代:明

尺寸:高 8.3 厘米,口径 14.3 厘米,底径 5.5 厘米

普查类别:瓷器

收藏单位:丰都县文物管理所

名称:**青花山石花卉纹罐**

时代:明

尺寸:高 25.6 厘米,口径 9 厘米,底径 9.3 厘米

普查类别:瓷器

收藏单位:重庆市江津区文物管理所

名称:**大明康熙年制款斗彩云龙纹盘**

时代:清·康熙

尺寸:高 5 厘米,口径 21.2 厘米

普查类别:瓷器

收藏单位:重庆中国三峡博物馆

名称:**昆山之珍款青花海马纹瓶**

时代:清·康熙

尺寸:高 25.6 厘米,口径 4 厘米,底径 8.8 厘米

普查类别:瓷器

收藏单位:重庆中国三峡博物馆

名称:**黄釉将军罐**

时代:清·康熙

尺寸:高 52 厘米,口径 21 厘米

普查类别:瓷器

收藏单位:重庆中国三峡博物馆

名称:**康熙款五彩十二月花卉杯**

时代:清·康熙

尺寸:高 4.9 厘米,口径 6.5 厘米

普查类别:瓷器

收藏单位:重庆中国三峡博物馆

名称:**釉里红海水龙纹缸**

时代:清·康熙

尺寸:高 24.5 厘米,口径 27.2 厘米,底径 23.8 厘米

普查类别:瓷器

收藏单位:重庆中国三峡博物馆

名称:**成化款斗彩鸡缸杯**

时代:清·雍正

尺寸:高 3.5 厘米,口径 7.8 厘米,底径 3.1 厘米

普查类别:瓷器

收藏单位:重庆中国三峡博物馆

名称:**雍正款粉彩花卉纹碗**

时代:清·雍正

尺寸:高 5.5 厘米,口径 14.6 厘米,底径 5.6 厘米

普查类别:瓷器

收藏单位:重庆中国三峡博物馆

名称:**雍正款蓝地釉里红葡萄纹十方钵**

时代:清·雍正

尺寸:高 12.2 厘米,口径 24.5 厘米,底径 15.2 厘米

普查类别:瓷器

收藏单位:重庆中国三峡博物馆

名称:**雍正款绿釉暗八宝纹盘**

时代:清·雍正

尺寸:高 3.2 厘米,口径 15.7 厘米

普查类别:瓷器

收藏单位:重庆中国三峡博物馆

名称:**乾隆款青花回纹双耳豆**

时代:清·乾隆

尺寸:高 17.5 厘米,口径 11 厘米

普查类别:瓷器

收藏单位:重庆中国三峡博物馆

名称:**乾隆款珐琅彩缠枝莲托八宝纹觚**

时代:清·乾隆

尺寸:高 27.8 厘米,口径 15.6 厘米,底径 12.3 厘米

普查类别:瓷器

收藏单位:重庆中国三峡博物馆

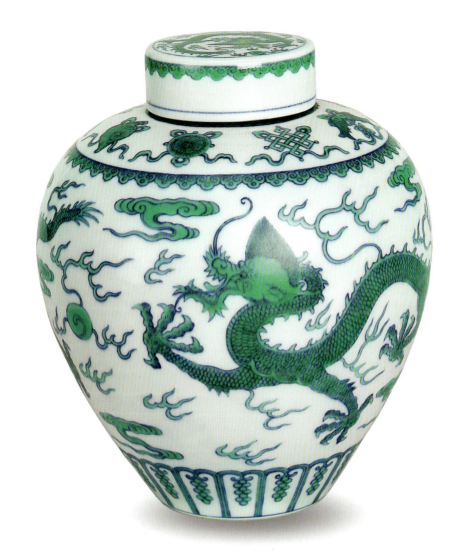

名称:**乾隆款斗彩云龙纹罐**

时代:清·乾隆

尺寸:高 21 厘米,口径 6.7 厘米

普查类别:瓷器

收藏单位:重庆中国三峡博物馆

名称:**乾隆款茶叶末釉绶带葫芦瓶**

时代:清·乾隆

尺寸:高 25 厘米,口径 3 厘米

普查类别:瓷器

收藏单位:重庆中国三峡博物馆

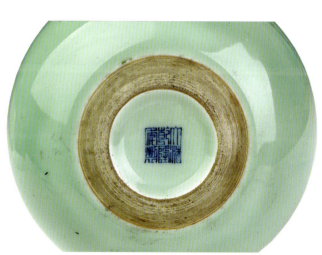

名称:**乾隆款豆青釉葫芦瓶**

时代:清·乾隆

尺寸:高 32.2 厘米,口径 2.9 厘米

普查类别:瓷器

收藏单位:重庆中国三峡博物馆

名称:**乾隆矾红彩折枝莲纹藏草瓶**

时代:清·乾隆

尺寸:高 22.5 厘米,口径 3.5 厘米

普查类别:瓷器

收藏单位:重庆中国三峡博物馆

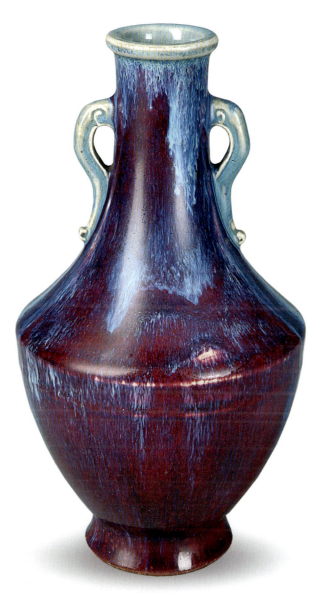

名称:**乾隆款窑变釉双耳瓶**

时代:清·乾隆

尺寸:高 21.5 厘米,口径 4.5 厘米

普查类别:瓷器

收藏单位:重庆中国三峡博物馆

名称:**粉彩花蝶纹盆**

时代:清·嘉庆

尺寸:高 10.5 厘米,口径 37.5 厘米

普查类别:瓷器

收藏单位:重庆中国三峡博物馆

名称:**嘉庆款粉彩百子图碗**

时代:清·嘉庆

尺寸:高 5.9 厘米,口径 12.6 厘米

普查类别:瓷器

收藏单位:重庆中国三峡博物馆

名称:**道光款粉彩描金龙凤纹罐**

时代:清·道光

尺寸:高 22.4 厘米,口径 10.2 厘米

普查类别:瓷器

收藏单位:重庆中国三峡博物馆

名称:**道光款哥釉八卦纹琮式瓶**

时代:清·道光

尺寸:高 27.9 厘米,口径 8 厘米

普查类别:瓷器

收藏单位:重庆中国三峡博物馆

名称:咸丰款蓝釉碗

时代:清·咸丰

尺寸:高 3.4 厘米,口径 10.8 厘米

普查类别:瓷器

收藏单位:重庆中国三峡博物馆

名称:同治款黄地粉彩梅鹊纹盘

时代:清·同治

尺寸:高 5.7 厘米,口径 28.4 厘米

普查类别:瓷器

收藏单位:重庆中国三峡博物馆

名称:**粉彩开光人物纹六方双耳瓶**

时代:清·同治

尺寸:高 41.7 厘米,口径 16 厘米,底径 13.4 厘米

普查类别:瓷器

收藏单位:重庆中国三峡博物馆

名称:光绪款松石绿地粉彩描金花鸟纹盖碗

时代:清·光绪

尺寸:高 6.6 厘米,口径 11 厘米

普查类别:瓷器

收藏单位:重庆中国三峡博物馆

名称:**粉彩锦地开光山水人物纹双耳尊**

时代:清

尺寸:高 38.4 厘米,口径 12 厘米,底径 15.6 厘米

普查类别:瓷器

收藏单位:重庆市江津区文物管理所

名称:**青花开光人物纹棒槌瓶**

时代:清

尺寸:高 61 厘米,口径 16 厘米,底径 17 厘米

普查类别:瓷器

收藏单位:重庆市合川区文物管理所

名称:**浅绛彩山水、动物图瓷板**

时代:中华民国

尺寸:长 25 厘米,宽 25 厘米(单件)

普查类别:瓷器

收藏单位:重庆中国三峡博物馆

巴渝藏珍系列图书是重庆市第一次全国可移动文物普查成果汇编,由两部分组成。其一为《巴渝藏珍——重庆市第一次全国可移动文物普查总结报告暨收藏单位名录》,收录了重庆市总报告、6家直属单位及39个区县的报告,以及全市165家国有文物收藏单位的基本信息。其二为《巴渝藏珍——重庆市第一次全国可移动文物普查文物精品图录》,由6部图录组成,分别是:标本、化石卷;石器、石刻、砖瓦,陶器,瓷器卷;书画、碑刻、古籍卷;金属器卷;工艺、文玩卷;近现代卷。

编委会及专家组讨论确定了编写体例和分卷原则,审定了编写组提交的入选文物清单。重庆中国三峡博物馆承担项目的组织工作。通过招投标,确定西南师范大学出版社为出版单位。

《巴渝藏珍——重庆市第一次全国可移动文物普查总结报告暨收藏单位名录》由重庆中国三峡博物馆甘玲、金维贤主编。各有关单位提供了本卷的图片。

《巴渝藏珍——重庆市第一次全国可移动文物普查文物精品图录》各分册分工如下:

卷一:标本、化石卷,由重庆自然博物馆李华、童江波主编。重庆自然博物馆地球科学部姜涛、钟鸣,生命科学部钟婧、陈锋、马琦参与初选整理;孙鼎纹、王龙重新拍摄了部分收录标本图片,向朝军对收录图片进行后期处理。相关区县博物馆、文物管理所提供了标本照片。

卷二:石器、石刻、砖瓦,陶器,瓷器卷,由重庆中国三峡博物馆王纯婧、李娟主编。重庆中国三峡博物馆藏品部甘玲、杨婧等参与了初选整理,研究部贺存定帮助初选石器文物。

卷三:书画、碑刻、古籍卷,由重庆中国三峡博物馆江洁、杨婧主编。重庆中国三峡博物馆藏品部胡承金等参与初选整理,研究部刘兴亮帮助初选古籍图书。

卷四:金属器卷,由重庆中国三峡博物馆夏伙根、吴汶益主编。重庆中国三峡博物馆藏品部庞佳、马磊参与初选整理。

卷五:工艺、文玩卷,由重庆中国三峡博物馆梁冠男、梁丽主编。重庆中国三峡博物馆藏品部庞佳、马磊参与初选整理。

卷六:近现代卷,由重庆中国三峡博物馆艾智科、张蕾蕾主编。

卷二至卷六所选文物藏品的图片,主要来自普查登录平台,重庆中国三峡博物馆文物信息部王越川为图片的提取、整理做了大量技术性工作。重庆中国三峡博物馆陈刚、申林与万州区博物馆李应东对不符合出版要求的图片进行了重新拍摄。

巴渝藏珍系列图书的编辑工作得到各直属单位和各区县的大力支持,重庆中国三峡博物馆抽调专业人员进行了为期一年多的文物甄选、资料收集、编辑、拍摄工作。编委会及专家组的王川平、张荣祥、刘豫川、白九江、邹后曦等先生对各分册编辑组提出的入选文物进行了审定。序言由李娟、黎力译为英文。西南师范大学出版社为图书顺利出版付出了大量辛勤劳动。对以上各单位的支持与专家、学者的付出,表示衷心感谢。

本丛书既是重庆市第一次全国可移动文物普查的成果汇编,也是重庆市可移动文物的第一部综合性大型图录,通过丛书可了解全市国有文物收藏单位及馆藏文物精品,进而了解重庆这座国家历史文化名城的深厚文化内涵。由于我们经验、水平和能力的不足,难免存在错讹和疏漏,敬请读者不吝赐教。